SANDRA MAHUT

PÄCKCHEN DINNER

Fotos von David Japy

Bassermann

OIL

INHALT

GEWÜRZMISCHUNGEN

DIE REZEPTE

INFORMATIONEN

GEWÜRZMISCHUNGEN FÜR FISCH

Fisch eignet sich ausgezeichnet zum Dämpfen in Backpapier. Er behält dabei seine zarte Konsistenz und trocknet nicht aus. Diese Garmethode ist nicht nur besonders einfach und schnell, sondern vor allem auch geruchsneutral. Und dem Einfallsreichtum sind keine Grenzen gesetzt.

GEWÜRZMISCHUNG 1

Anissamen

frisch gepresster Orangensaft

Olivenöl

GEWÜRZMISCHUNG 2

frisch gepresster Limettensaft

Ingwer

Minze

Sahne

GEWÜRZMISCHUNG 4

Knoblauchpulver*

Olivenöl

Pfeffer oder Pfeffermischung (weißer, roter und schwarzer Pfeffer)

Salbei

Weißwein

Zitrone

GEWÜRZMISCHUNG 3

Kaffir-Limettenblätter

Kokosmilch

frischer Koriander

Zitronengras

* Knoblauchpulver oder frischer Knoblauch – das ist Geschmackssache. Das Pulver eignet sich gut für eine Gewürzmischung, da es feiner ist als gehackter oder gepresster Knoblauch und sich dadurch leichter verteilen oder einmassieren lässt.

GEWÜRZMISCHUNGEN FÜR FLEISCH

Um das Garen zu vereinfachen, sollte das Fleisch in dünne Scheiben oder in kleine Würfel geschnitten werden. Helles Fleisch wie Kaninchen, Pute, Huhn oder Kalb ist sehr leicht im Päckchen zuzubereiten. Schweinefleisch und Ente sollten vorher etwas länger mariniert werden. Rotes Fleisch eignet sich nicht zum Garen in Backpapier.

GEWÜRZMISCHUNG 1

Currypulver

Kerbel

Räucherspeck

Sahne

GEWÜRZMISCHUNG 2

Honig

Kreuzkümmel

Olivenöl

Rosmarin

Sesam

GEWÜRZMISCHUNG 3

Chilipulver

Knoblauchpulver*

Olivenöl

Paprikapulver

Thymian

GEWÜRZMISCHUNG 4

Cidre oder Cognac

grobes Meersalz

Pistazienkerne

rosa Pfefferbeeren

Schalotten

* Knoblauchpulver oder frischer Knoblauch – das ist Geschmackssache. Das Pulver eignet sich gut für eine Gewürzmischung, da es feiner ist als gehackter oder gepresster Knoblauch und sich dadurch leichter verteilen oder einmassieren lässt.

GEWÜRZMISCHUNGEN FÜR DESSERTS

Für Desserts aus dem Päckchen eignet sich jedes Obst. Gedämpftes Obst aus dem Päckchen ist raffiniert, gesund und bietet gleichzeitig die Möglichkeit, Kinder dazu zu animieren, mal eine neue Sorte zu probieren. Oder bereiten Sie die kleinen Päckchen doch einfach gemeinsam mit ihren Kindern zu.

GEWÜRZMISCHUNG 1

Ahornsirup

gemahlener Zimt

zerbröselte Spekulatius oder hart gewordene Lebkuchen ohne Schokolade

GEWÜRZMISCHUNG 2

Kokosraspel

Schokotropfen

GEWÜRZMISCHUNG 4

Naturjoghurt

Rosen- oder Orangenblütenwasser

Vanillezucker

GEWÜRZMISCHUNG 3

frisch gepresster Obstsaft

Honig

Mandelblättchen

Sternanis

KABELJAU MIT MINZ-ZITRONEN-CREME

Für **4 Personen**
Zubereitungszeit **15 Minuten**
Garzeit **15 Minuten**

4 EL Olivenöl
8 Stiele Minze
1 Bio-Limette
300 g Crème fraîche
Paprikapulver
Salz und Pfeffer
4 Kabeljaufilets à 150–200 g
Backpapier, Küchenpergament oder Alufolie

1 Den Backofen auf 210 °C vorheizen.

2 Für die Päckchen vier Rechtecke à 20 × 30 cm aus dem Backpapier ausschneiden und mit etwas Olivenöl bepinseln. In eine Auflaufform oder auf ein Backblech legen.

3 Die Minze waschen, trocknen und die Blätter fein hacken. Die Limette heiß waschen, abtrocknen und die Schale fein abreiben. Etwas Minze und Limettenschale beiseitelegen, den Rest mit Crème fraîche und einer Prise Paprikapulver mischen, mit Salz und Pfeffer abschmecken.

4 Die Fischfilets waschen und trocken tupfen. Jeweils ein Filet auf ein Backpapier legen, die Crème-fraîche-Mischung darauf verteilen, mit Olivenöl beträufeln und mit Salz, Pfeffer und beiseitegelegter Limettenschale und Minze bestreuen.

5 Die Päckchen sorgfältig verschließen und je nach Dicke etwa 15 Minuten im heißen Ofen backen.

6 Die Filets mit neuen Kartoffeln oder Pellkartoffeln, einer Limettenspalte und einem gemischten Blattsalat servieren.

DORADE MIT ORANGE UND FENCHEL

Für **4 Personen**
Zubereitungszeit **10 Minuten**
Garzeit **15–20 Minuten**

1 Fenchelknolle

1 Bio-Orange

2 Doraden (auch Goldbrassen genannt) à 500 g, küchenfertig

½ Bund Dill

Olivenöl

1 TL Fenchel- oder Anissamen

Salz und Pfeffer

Gomasio, nach Belieben (japanische Gewürzmischung aus geröstetem Sesam und Meersalz, Bio- und Asia-Läden)

Backpapier, Küchenpergament oder Alufolie

1 Den Backofen auf 210 °C vorheizen.

2 Den Fenchel waschen, putzen und in feine Scheiben schneiden. Die Orange heiß waschen und abtrocknen, die Schale dick abschneiden und den Saft auspressen. Die Fische waschen und trocken tupfen. Ein paar Dillzweige beiseitelegen, den Rest fein hacken.

3 Für die Päckchen 4 große Rechtecke aus Backpapier zuschneiden (die Doraden müssen gut darin eingepackt werden können) und jeweils 2 übereinanderlegen. Das obere Papier mit Olivenöl bepinseln. In eine Auflaufform oder auf ein Backblech legen.

4 Die Fenchelscheiben auf den Backpapieren verteilen. Die Doraden mit einigen Dillzweigen füllen und auf das Fenchelbett legen, mit Orangensaft beträufeln. Fenchel- oder Anissamen, gehackten Dill, Gomasio und Orangenschale darüber streuen, salzen, pfeffern und Olivenöl darüberträufeln.

5 Die beiden Päckchen fest verschließen und etwa 15–20 Minuten im heißen Ofen garen. Dazu passen Kartoffeln oder Bandnudeln und Salat oder buntes Gemüse.

SEELACHSFILET AUF SPINATBETT

1 Den Backofen auf 200 °C vorheizen.

2 Für die Päckchen 8 Rechtecke aus Backpapier ausschneiden und jeweils 2 übereinanderlegen. Die oberen Blätter mit Olivenöl bepinseln. Auf ein Backblech oder in eine Auflaufform legen

3 Den Spinat putzen, waschen, gut abtropfen lassen, fein hacken und auf den vier Backpapieren verteilen. Die Fischfilets waschen und trocken tupfen. Die Schalotten schälen, halbieren und in dünne Scheiben schneiden. Die Frühlingszwiebeln waschen, putzen und in dünne Ringe schneiden.

4 Schalotten und Fisch auf den Spinat legen und Olivenöl daraufträufeln, die Frühlingszwiebeln darüberstreuen. Mit Salz, Pfeffer und Kardamom würzen.

5 Die Päckchen sorgfältig verschließen und etwa 12 bis 15 Minuten im heißen Ofen garen, bis der Spinat zusammengefallen ist.

Für **4 Personen**
Zubereitungszeit **10 Minuten**
Garzeit **12–15 Minuten**

4 EL Olivenöl
600 g Blattspinat
4 Seelachsfilets à 150–180 g
2 Schalotten
4 Frühlingszwiebeln
Salz (evtl. Fleur de Sel)
Pfeffer, frisch gemahlen
Kardamom, frisch gemörsert
Backpapier, Küchenpergament oder Alufolie

THAILÄNDISCHE FISCH-PÄCKCHEN

1 Fischfilet und Garnelen waschen und trocken tupfen. Ingwer, Schalotte und Knoblauch schälen. Das Zitronengras putzen und die äußeren Blätter entfernen. Alles klein schneiden und mit Krebsfleisch, Korianderblättchen und Kokosmilch in den Mixer geben und 1 bis 2 Minuten mixen, bis eine glatte, nicht zu feste Masse entstanden ist.

2 Die Limetten heiß waschen und abtrocknen. Eine Limette auspressen, die andere achteln.

3 Die gemixte Masse mit Salz, Pfeffer, Limettensaft und Paprika oder Piment d'Espelette würzen.

4 Die Bananenblätter waschen und abtrocknen. Bananenblätter oder Backpapier in 4 Rechtecke à 20 × 30 cm schneiden. Je 2 bis 3 Esslöffel Fischmasse auf jedes Blatt geben und glatt streichen. Die Päckchen zubinden, die Bananenblattpäckchen können mit einem Holzstäbchen festgesteckt werden. Die Päckchen in einen Bambusdämpfer oder Dämpftopf legen.

5 In einem großen Topf wenig Wasser zum Kochen bringen. Den Bambusdämpfer hineinsetzen (das Wasser darf den Inhalt nicht berühren) und die Päckchen 10 bis 12 Minuten garen.

6 Die Fischpäckchen mit den Limettenstücken servieren.

Für **6 Päckchen**
Zubereitungszeit **20 Minuten**
Garzeit **15–20 Minuten**

300 g weißes Fischfilet, z. B. Dorsch, Heilbutt, Kabeljau, Seelachs, Seeteufel

150 g geschälte kleine Garnelen

1 Stück frischer Ingwer, ca. 1 cm

1 Schalotte

½ Knoblauchzehe

2 Stängel Zitronengras

150 g Krebsfleisch (Dose)

½ Bund Koriandergrün

100 ml Kokosmilch

Salz und Pfeffer

2 Bio-Limetten

Paprikapulver oder Piment d'Espelette (französisches Gewürz, das dem Gericht eine milde Schärfe gibt)

2 Bananenblätter, Backpapier, Küchenpergament oder Alufolie

4 Holzstäbchen für die Bananenblätter

1 Bambusdämpfer (oder Dampfgarer, Dämpfeinsatz eines Kochtopfs oder Dampfbackofen)

LACHS MIT ZITRONENGRAS

Für **4 Personen**
Zubereitungszeit **5 Minuten**
Garzeit **12–15 Minuten**

4 EL Olivenöl
1 Stange Porree, nur den hellen Teil
1 Stängel Zitronengras
4 Stiele frischer Koriander
4 Lachsfilets à 150 g
Salz (evtl. Fleur de Sel)
Pfeffer, frisch gemahlen
Backpapier, Küchenpergament oder Alufolie

1 Den Backofen auf 210 °C vorheizen.

2 Für die Päckchen 8 Rechtecke aus Backpapier ausschneiden und jeweils 2 übereinanderlegen. Die oberen Blätter mit Olivenöl bepinseln. In eine Auflaufform oder auf ein Backblech legen.

3 Den Porree putzen, waschen und in feine Ringe schneiden, einige beiseitelegen. Das Zitronengras putzen, die äußeren Blätter entfernen und das Zitronengras vierteln. Die Korianderblättchen abzupfen und hacken.

4 Die Lachsfilets waschen und abtrocknen. Den Porree auf die 4 Backpapiere verteilen, den Lachs darauflegen und mit Zitronengras, Korianderblättchen und beiseitegestelltem Porree belegen. Salzen, pfeffern und mit Olivenöl beträufeln. Die Päckchen fest verschließen und im heißen Ofen 12 bis 15 Minuten garen.

5 Vor dem Verzehr das Zitronengras entfernen.

GEFÜLLTE LACHSFILET-STÜCKE MIT KRÄUTERQUARK

Für **4–6 Personen**
Zubereitungszeit **15 Minuten**
Garzeit **15 Minuten**

Für das Lachspäckchen

ca. 1 kg Lachsfilet am Stück, ohne Haut

2 EL rotes Pesto

8–10 getrocknete Tomaten

1 Bund Estragon

Salz und Pfeffer

1–2 EL Olivenöl

Backpapier, Küchenpergament oder Alufolie

Für den Kräuterquark

4 EL Quark

1 EL Frischkäse

1 EL Crème fraîche

1 TL scharfer Senf

Kreuzkümmel

2 Schalotten

Kräuter, frisch gehackt (z. B. Petersilie, Schnittlauch, Estragon)

1 Den Backofen auf 180 ° C vorheizen.

2 Das Filet waschen und trocken tupfen. Das dünnere Ende abschneiden und anderweitig verwenden (z. B. für Tatar). Das Filet längs halbieren und mit einer Pinzette verbliebene Gräten entfernen.

3 Beide Filethälften mit dem Pesto bestreichen. Auf die eine Hälfte die getrockneten Tomaten und die abgezupften Estragonblättchen verteilen. Die andere Filethälfte mit dem Pesto nach unten darauflegen. Die Filethälften an mehreren Stellen mit Küchengarn zusammenbinden und verknoten.

4 Ein großes Stück Backpapier mit Öl bepinseln, auf ein Backblech oder in eine Auflaufform legen, das Lachsfilet darauflegen, das Päckchen fest verschließen und ca. 15 Minuten im heißen Ofen garen.

5 Für den Kräuterquark Quark, Frischkäse, Crème fraîche und Senf mischen, mit Salz, Pfeffer und einer Prise Kreuzkümmel abschmecken. Die Schalotten schälen und die Kräuterblättchen von den Stielen zupfen. Beides fein hacken und unter den Quark mischen.

6 Dazu passt ein frisches Baguette.

OIL

ROTBARBENFILETS MIT SARDELLEN UND KIRSCHTOMATEN

Für **4 Personen**
Zubereitungszeit **15 Minuten**
Garzeit **15–20 Minuten**

1 EL Olivenöl
3 Stiele Basilikum oder glatte Petersilie
10 Sardellenfilets, in Salz oder Öl eingelegt
40 g weiche Butter
Pfeffer, frisch gemahlen
Salz (evtl. Fleur de Sel)
8 Rotbarbenfilets mit Haut
4 kleine Rispen Kirschtomaten
Backpapier, Küchenpergament oder Alufolie

1 Den Backofen auf 180 °C vorheizen.

2 Für die Päckchen aus Backpapier 8 Rechtecke zurechtschneiden und je 2 übereinanderlegen. Die oberen Papiere mit Öl bepinseln. In eine Auflaufform oder auf ein Backblech legen.

3 Basilikum oder Petersilie fein hacken.

4 Sardellen und Butter mithilfe einer Gabel zerdrücken. Basilikum (oder Petersilie) untermischen, pfeffern, eventuell salzen (eingelegte Sardellen bringen oft schon viel Salz mit).

5 Die Fischfilets waschen und trocken tupfen. 4 Filets mit der Sardellen-Butter einstreichen und je ein Filet darauflegen. Die Filets auf die vorbereiteten Backpapiere legen. Je eine Tomatenrispe dazugeben, mit Olivenöl beträufeln und alles fest in das Backpapier einwickeln. Die Päckchen ca. 15 bis 20 Minuten im heißen Ofen garen.

6 Dazu passt ein Rucolasalat mit Basilikum und gehobeltem Parmesan sowie knuspriges Brot.

SEEZUNGENRÖLLCHEN MIT ZITRONENGRAS

1 Den Backofen auf 180 °C vorheizen.

2 Das Zitronengras waschen, putzen und längs durchschneiden. Die Sahne in einem kleinen Topf erhitzen und das Zitronengras 5 Minuten darin ziehen lassen. Das Zitronengras anschließend entfernen.

3 Für die Päckchen 8 Rechtecke aus Backpapier zurechtschneiden und je 2 übereinanderlegen. Die oberen Papiere mit etwas Öl bepinseln. In eine Auflaufform oder auf ein Backblech setzen.

4 Die Filets waschen, trocken tupfen, mit Limettensaft beträufeln und aufrollen, mit Holzstäbchen fixieren. Je 3 bis 4 Seezungenröllchen auf ein Backpapier setzen, etwas Sahne darübergießen, salzen und pfeffern. Die Filets gut in Backpapier einwickeln und 8 Minuten im heißen Ofen garen.

5 Dazu passt Basmatireis oder knuspriges Weißbrot.

Für **3–4 Personen**
Zubereitungszeit **10 Minuten**
Garzeit **8 Minuten**

1 Stängel Zitronengras
200 g Sahne
Olivenöl
12 Seezungenfilets
Saft von 1 Limette
Salz und Pfeffer
Backpapier, Küchenpergament oder Alufolie
8 Holzstäbchen / Zahnstocher

FORELLENFILETS MIT KRESSESAUCE

Für **4 Personen**
Zubereitungszeit **15 Minuten**
Garzeit **15–20 Minuten**

Für die Päckchen

1 Bund Brunnenkresse

4 EL Sahne

1 TL Knoblauchpulver oder 1 TL Knoblauch, gehackt

Salz und Pfeffer

Olivenöl

4 Lachsforellenfilets

2 Schalotten

80 g Kirschtomaten

4 Zweige Rosmarin

Backpapier, Küchenpergament oder Alufolie

Zum Servieren

frischer Kerbel

Gartenkresse

Mandelblättchen

1 Den Backofen auf 180 °C vorheizen.

2 Die Brunnenkresse putzen, waschen, trocken schleudern und die dicken Stiele entfernen. Die Brunnenkresse mit Sahne, Knoblauch, Salz und Pfeffer mischen und pürieren.

3 Für die Päckchen 8 Rechtecke aus Backpapier zurechtschneiden und je 2 übereinanderlegen. Die oberen Papiere mit Öl bepinseln. Auf ein Backblech oder in eine Auflaufform legen.

4 Die Forellenfilets waschen und trocken tupfen. Die Schalotten schälen und in Ringe schneiden. Auf jedes Backpapier erst 1 Esslöffel Kressesauce geben, darauf ein Filet legen. Darauf die Tomaten und Schalottenringe verteilen, mit Olivenöl beträufeln, salzen und pfeffern und jeweils einen Zweig Rosmarin darauflegen

5 Die Päckchen fest verschließen und je nach Größe der Filets ca. 15 bis 20 Minuten im heißen Ofen garen.

6 Mit Kerbel, Kresse und Mandelblättchen garnieret servieren. Dazu passen Salzkartoffeln.

SEETEUFELROULADE MIT RÄUCHERFISCHFÜLLUNG

Für **6 Personen**
Zubereitungszeit **15 Minuten**
Garzeit **20 – 25 Minuten**

1 Seeteufelschwanz, ca. 700 g, gehäutet und entgrätet

400 g geräuchertes Fischfilet, z. B. Forelle

Olivenöl

4 Zweige Thymian

3 Lorbeerblätter

100 ml Weißwein

Salz

Pfeffer oder Pfeffermischung (weißer, roter und schwarzer Pfeffer), frisch gemahlen

Backpapier, Küchenpergament oder Alufolie

1 Den Backofen auf 210 °C vorheizen.

2 Den Seeteufelschwanz waschen, trocken tupfen und längs halbieren, um zwei Stücke zu erhalten.

3 Das geräucherte Filet auf eines der Schwanzstücke legen und mit dem anderen umgedreht bedecken. Das gefüllte Schwanzstück über die gesamte Länge mit Küchengarn umwickeln und verknoten (Sie können auch Ihren Fischhändler bitten, dies zu tun).

4 Aus Backpapier 2 Rechtecke à 30 × 40 cm ausschneiden, übereinanderlegen und das obere Papier mit Olivenöl bepinseln, in eine Auflaufform oder auf ein Backblech legen.

5 Die Fischroulade darauflegen und mit Olivenöl beträufeln. Thymianzweige und Lorbeer auf die Roulade legen und den Weißwein zugießen. Mit Salz und Pfeffer würzen. Das Backpapier fest um die Roulade wickeln und das Päckchen ca. 20 bis 25 Minuten im heißen Ofen garen.

6 Dazu passt ein Tomatensalat und geröstetes Brot.

GARNELEN AUF GRÜNEM SPARGEL

Für **4 Personen**
Zubereitungszeit **10 Minuten**
Garzeit **8 Minuten**

12 geschälte, gegarte Garnelen

Olivenöl

1 EL Sojasauce

Paprikapulver oder Piment d'Espelette (französisches Gewürz, gibt dem Gericht eine milde Schärfe)

12 Stangen grüner Spargel

Salz (evtl. Fleur de Sel)

1 dünne Stange Porree oder 2 kleine weiße Zwiebeln

4 EL trockener Weißwein

Pfeffer, frisch gemahlen

1 TL Knoblauchpulver oder 1 TL Knoblauch, frisch gehackt

2 Schnittlauchhalme, in feinen Röllchen

Backpapier, Küchenpergament oder Alufolie

1 Den Backofen auf 210 °C vorheizen.

2 Die Garnelen in etwas Olivenöl, Sojasauce und einer Prise Paprika oder Piment d'Espelette marinieren.

3 In der Zwischenzeit die holzigen Enden des Spargels, ca. 1 bis 2 cm, abschneiden, und den unteren Spargelteil schälen. In einem Topf 500 ml Wasser zum Kochen bringen, etwas Salz hineingeben und den Spargel darin vier Minuten garen. Dann abgießen, abtropfen lassen, halbieren und beiseitestellen.

4 Den Porree putzen, waschen und in dünne Ringe schneiden.

5 Aus Backpapier 4 Rechtecke à 25 × 30 cm ausschneiden und mit Olivenöl bepinseln. In eine Auflaufform oder auf ein Backblech legen.

6 Porree und halbierte Spargelstangen darauf verteilen und 3 Garnelen in jedes Päckchen legen. Mit je 1 Esslöffel Weißwein beträufeln, salzen, pfeffern sowie mit Knoblauch und Schnittlauchröllchen bestreuen. Das Papier zu rechteckigen Päckchen zusammenfalten und 8 Minuten im heißen Ofen garen.

7 Dazu passt geröstetes Brot oder Basmatireis mit Cashewkernen.

PUTENBRUST-KÜRBIS-PÄCKCHEN MIT CHEDDAR

Für **4 Personen**
Zubereitungszeit **10 Minuten**
Garzeit **8–10 Minuten**

1 Den Backofen auf 210 °C vorheizen.

2 Die Putenbrustfilets salzen, pfeffern und mit Paprikapulver bestreuen. Den Kürbis waschen, putzen und in 5 mm dicke Scheiben schneiden.

3 Die Filets jeweils nur zur Hälfte mit Kürbisscheiben und mit je 1 Käsescheibe belegen. Die Filets zusammenrollen, jede Rolle einmal durchschneiden.

4 Aus Backpapier 8 Quadrate à 10 cm Seitenlänge ausschneiden und mit Olivenöl bepinseln. In eine Auflaufform oder auf ein Backblech legen.

5 Jede Putenrolle sorgfältig in ein Backpapier einwickeln und die Enden mit Küchengarn wie bei einem Bonbon zubinden. Die Filets 8 bis 10 Minuten im heißen Ofen garen.

6 Dazu passen Nudeln oder Reis.

4 dünne Putenbrustfilets

Salz (evtl. Fleur de Sel)

Pfeffer

2 TL Paprikapulver

ca. 200 g Kürbis, Butternuss oder Hokkaido

4 Scheiben Cheddar

1 EL Olivenöl

Pfeffer oder Pfeffermischung (weißer, roter und schwarzer Pfeffer)

Backpapier, Küchenpergament oder Alufolie

SCHNELLES KALBSFRIKASSEE

Für **4 Personen**
Zubereitungszeit **15 Minuten**
Garzeit **12–15 Minuten**

500 g Kalbsnuss oder -filet
20 g Butter
1 Schalotte
1 TL Kalbsfondkonzentrat (Paste)
150 ml trockener Weißwein
½ TL Maisstärke
3 EL Crème fraîche
Muskatnuss, frisch gerieben
2 EL Rosinen
Salz (evtl. Fleur de Sel)
Pfeffer, frisch gemahlen
150 g Champignons
Olivenöl
frisch gehackte Kräuter, nach Geschmack
Backpapier, Küchenpergament oder Alufolie

1 Den Backofen auf 180 °C vorheizen.

2 Das Kalbfleisch würfeln oder in feine Streifen schneiden. Die Butter in einer Pfanne erhitzen.

3 Die Schalotte schälen, fein hacken und in der erhitzten Butter glasig anschwitzen. Den Kalbsfond untermischen und mit Wein ablöschen. Die Maisstärke mit ca. 1 Esslöffel kaltem Wasser anrühren und in die Sauce rühren. Die Sauce etwas eindicken lassen. Crème fraîche, zwei Prisen Muskatnuss und die Rosinen zugeben, salzen, pfeffern und weitere 2 Minuten köcheln lassen.

4 Die Champignons putzen und klein hacken.

5 Für die Päckchen 8 Rechtecke aus Backpapier zuschneiden und je 2 übereinanderlegen. Die oberen Papiere mit Olivenöl bepinseln und auf ein Backblech oder in eine Auflaufform legen.

6 Pilze und Fleisch auf die Päckchen verteilen, die Sauce darübergießen. Die Päckchen sorgfältig verschließen und 12 bis 15 Minuten im heißen Ofen garen.

7 Nach Geschmack mit frischen Kräutern bestreut servieren. Dazu passen Nudeln, Spätzle oder Kartoffeln.

PUTENBRUSTROULADEN MIT SALBEI

Für **4 Personen**
Zubereitungszeit **15 Minuten**
Garzeit **12 Minuten**

4 dünne Putenbrustfilets
1 Kugel Mozzarella (ca. 125 g)
Salz (evtl. Fleur de Sel)
Pfeffer oder Pfeffermischung (roter, weißer und schwarzer Pfeffer)
4 dünne Scheiben Pancetta (milder, magerer, luftgetrockneter Bauchspeck aus Italien)
4 Salbeiblätter
4 EL Olivenöl
4 EL Marsala (ital. Dessertwein)
4 Holzstäbchen / Zahnstocher
Backpapier, Küchenpergament oder Alufolie

1 Den Backofen auf 210 °C vorheizen.

2 Das Fleisch etwas flach klopfen. Den Mozzarella in 4 Scheiben schneiden.

3 Die Filets großzügig mit Salz und Pfeffer würzen. Zuerst je 1 Scheibe Pancetta und dann 1 Scheibe Mozzarella darauflegen. Das Fleisch zu Rouladen aufrollen, mit Holzstäbchen fixieren und mit je einem Salbeiblatt belegen.

4 Für die Päckchen aus Backpapier 8 Rechtecke ausschneiden. Jeweils 2 übereinanderlegen und die oberen Blätter mit Olivenöl bepinseln. In eine Auflaufform oder auf ein Backblech legen.

5 Die Rouladen auf die Papiere setzen, mit je 1 Esslöffel Marsala beträufeln, salzen und pfeffern. Die Rouladen fest in das Backpapier einwickeln und die Päckchen gut verschließen, ca. 12 Minuten im heißen Ofen garen.

6 Dazu passen Spinat mit gedünsteten Tomaten sowie Brot oder Bandnudeln.

KANINCHEN IN SENFSAUCE

Für **4 Personen**
Zubereitungszeit **15 Minuten**
Garzeit **12–15 Minuten**

100 g Champignons

600 g Kaninchenrückenfilet, in 4 Scheiben à 150 g geschnitten

2 EL scharfer oder grobkörniger oder Honigsenf

2 EL Crème fraîche

Salz (evtl. Fleur de Sel)

Pfeffer oder Pfeffermischung (roter, schwarzer und weißer Pfeffer)

Muskatnuss, frisch gerieben

Olivenöl

4 dünne Scheiben Gruyère

Schnittlauchröllchen, nach Geschmack

Backpapier, Küchenpergament oder Alufolie

1 Den Backofen auf 180 °C vorheizen.

2 Die Champignons putzen und klein schneiden. Die Fleischscheiben in einer Schüssel mit Senf, Crème fraîche, etwas Salz, Pfeffer und 2 Prisen Muskatnuss mischen. Die Pilze dazugeben.

3 Für die Päckchen 8 Rechtecke aus Backpapier zuschneiden und je 2 übereinanderlegen. Die oberen Blätter mit Olivenöl bepinseln. In eine Auflaufform oder auf ein Backblech legen.

4 Das Fleisch mit der Pilzcreme auf die 4 Päckchenpapiere verteilen, salzen und pfeffern. Je 1 Scheibe Käse darauflegen. Die Päckchen sorgfältig verschließen und ca. 15 Minuten im Backofen garen.

5 Mit Schnittlauchröllchen bestreut servieren.

HUHN IN KOKOSSAUCE

Für **4 Personen**
Zubereitungszeit **20 Minuten**
Garzeit **10–15 Minuten**

Für das Päckchen

1 Zwiebel

1 Knoblauchzehe

1/4 Stengel Zitronengras

1 EL Olivenöl

250 ml Kokosmilch

1 EL Ingwerpulver oder frisch geriebener Ingwer

Saft von ½ Limette

1 TL asiatische Fischsauce

Salz (evtl. Fleur de Sel)

Pfeffer, frisch gemahlen

3 Hähnchenbrustfilets

Backpapier, Küchenpergament oder Alufolie

Zum Servieren

1 Bio-Limette

5 Stiele Thai-Basilikum

1 Den Backofen auf 210 °C vorheizen.

2 Zwiebel und Knoblauch schälen und fein hacken. Das Zitronengras waschen, trocknen und putzen.

3 Die Zwiebel in etwas Olivenöl glasig anschwitzen. Knoblauch und Zitronengras zugeben und weitere 2 Minuten garen. Kokosmilch, Ingwerpulver, Limettensaft und Fischsauce zugeben und 3 Minuten köcheln lassen. Mit Salz und Pfeffer würzen, das Zitronengras entfernen.

4 Ein großes quadratisches Stück Backpapier in eine Auflaufform oder auf ein Backblech legen.

5 Das Fleisch waschen, trocken tupfen, würfeln oder in feine Streifen schneiden. Die Hälfte der Sauce auf das Backpapier geben, die Fleischwürfel daraufgeben und mit der restlichen Sauce begießen. Das Päckchen sorgfältig verschließen und 10 bis 15 Minuten im heißen Ofen garen.

6 Die Limette achteln. Das Huhn mit Thai-Basilikumblättchen und Limettenspalten servieren. Dazu passt Reis.

HUHN MIT BASILIKUM-RICOTTA-FÜLLUNG

Für **4 Personen**
Zubereitungszeit **20 Minuten**
Garzeit **20 Minuten**

Für die Päckchen

2 getrocknete Tomaten in Öl
2 Kirsch- oder Datteltomaten
5 Stiele Basilikum
150 g Ricotta
30 g Pinienkerne
Salz (evtl. Fleur de Sel)
Pfeffer, frisch gemahlen
4 Hähnchenbrustfilets à 150 g
2 TL Olivenöl
Backpapier, Küchenpergament oder Alufolie

Zum Servieren

1 Stiel frischer Koriander
1 Stiel Basilikum
Gartenkresse

1 Den Backofen auf 210 °C vorheizen.

2 Die getrockneten und die frischen Tomaten in kleine Stückchen schneiden. Die Basilikumblätter fein hacken. Den Ricotta mit Tomatenstückchen, Basilikum, Pinienkernen, Salz und Pfeffer mischen.

3 Das Fleisch waschen und trocken tupfen. Jedes Filet auf einer Seite mehrfach einschneiden, damit kleine Taschen entstehen. Diese Taschen mit der Ricottamasse füllen. Jedes Filet mit Küchengarn wie einen kleinen Braten zusammenbinden.

4 Für die Päckchen aus Backpapier 8 Rechtecke zuschneiden und je 2 übereinanderlegen. Die oberen Blätter mit Öl bepinseln und in eine Auflaufform oder auf ein Backblech legen.

5 Jedes Hähnchenfilet sorgfältig in Backpapier einwickeln und die Päckchen ca. 20 Minuten im heißen Ofen backen.

6 Die gegarte Filets mit Koriander- und Basilikumblättchen sowie mit Kresse bestreut servieren. Dazu passen Nudeln oder frisches Baguette und ein bunter Salat.

HÄHNCHENSTREIFEN IN ZITRONEN-HONIG-MARINADE

1 Den Backofen auf 220 °C vorheizen.

2 Die Zitrone heiß waschen und abtrocknen, die Schale fein abreiben und den Saft auspressen. Zitronensaft und Honig in einer Schüssel mischen, kräftig mit Salz, Pfeffer und 1 bis 2 Prisen Chilipulver würzen.

3 Das Hähnchenbrustfilet in ca. 12 gleich große Streifen schneiden und in einer Schüssel gut mit der Zitronen-Honig-Marinade mischen, 15 Minuten im Kühlschrank ziehen lassen.

4 Für die Päckchen 8 Rechtecke aus Backpapier zuschneiden und je 2 übereinanderlegen. Die oberen Papiere mit Öl bepinseln und auf ein Backblech oder in eine Auflaufform legen.

5 Auf jedes Papier 3 Fleischstreifen legen, mit etwas Marinade beträufeln und die Zitronenschale darüberstreuen. Die Hähnchenstreifen sorgfältig in das Backpapier einwickeln und 15 Minuten im heißen Ofen garen.

6 Das gegarte Fleisch mit Korianderblättchen garnieren und süße Chilisauce dazu reichen. Dazu passen Basmatireis und gedünsteter Spinat oder Soba-Nudeln und Brokkoli.

Für **4 Personen**
Zubereitungszeit **10 Minuten**
Marinierzeit **15 Minuten**
Garzeit **15 Minuten**

Für die Päckchen

1 Bio-Zitrone
2 EL flüssiger Honig
Salz
Pfeffer
mildes Chilipulver
400 g Hähnchenbrustfilet
Olivenöl
Backpapier, Küchenpergament oder Alufolie

Zum Servieren

2 Stiele frischer Koriander
süße Chilisauce

OIL

LAMMCURRY

Für **4 Personen**
Zubereitungszeit **15 Minuten**
Garzeit **8–10 Minuten**

Für die Päckchen

600 g Lammkeule oder -filet
4 Stiele frischer Koriander
4 Stiele Minze
2 EL Currypaste oder -pulver
250 ml Kokosmilch
4 EL Olivenöl
1 TL Knoblauchpulver oder 1 TL Knoblauch, gehackt
1 TL Ingwerpulver oder frisch geriebener Ingwer
Salz und Pfeffer
Backpapier, Küchenpergament oder Alufolie

Zum Servieren

3 TL Sesamsaat

1 Den Backofen auf 180 °C vorheizen.

2 Das Lammfleisch in 2 cm große Würfel oder in Streifen schneiden. Die Blättchen von den Kräutern zupfen und fein hacken. Fleisch und gehackte Kräuter mit Curry, Kokosmilch, Olivenöl, Knoblauch und Ingwer in einer Schüssel mischen. Das Fleisch zugeben und vermengen, bis es vollständig von der Currymischung überzogen ist.

3 Aus Backpapier 4 Rechtecke à ca. 20 × 30 cm zuschneiden und in eine Auflaufform oder auf ein Backblech legen.

4 Das Currylamm darauf verteilen und mit Salz und Pfeffer würzen. Das Papier zigarrenförmig aufrollen und die Enden nach innen einschlagen oder zuschnüren. Die Päckchen 8 bis 10 Minuten im heißen Ofen garen.

5 Die Sesamsaat in einer Pfanne ohne Fett rösten und vor dem Servieren über das Curry streuen.

6 Dazu passt thailändischer Duftreis.

SCHNELLE ENTE À L'ORANGE

Für **4 Personen**
Zubereitungszeit **5 Minuten**
Marinierzeit **15 Minuten**
Garzeit **10 Minuten**

Für die Päckchen
1 Bio-Orange
600 g Entenbrustfilet
1 EL brauner Zucker
4 EL flüssiger Honig
Olivenöl
Salz
Pfeffer
Paprikapulver
Backpapier, Küchenpergament oder Alufolie

Zum Servieren
4 Zweige Rosmarin

1 Den Backofen auf 210 °C vorheizen.

2 Die Orange heiß abwaschen und abtrocknen. Die Schale fein abreiben und den Saft auspressen.

3 Das Entenbrustfilet waschen, trocken tupfen, in Streifen schneiden und diese anschließend halbieren.

4 In einer Schüssel Orangensaft, Zucker, Honig, 2 Esslöffel Olivenöl, Salz, Pfeffer und 1 bis 2 Prisen Paprikapulver mischen. Die Entenstreifen in die Marinade geben, gut vermischen und 15 Minuten im Kühlschrank ziehen lassen.

5 Für die Päckchen 8 Rechtecke aus Backpapier zuschneiden und je 2 übereinanderlegen. Die oberen Blätter mit Olivenöl bepinseln und in eine Auflaufform oder auf ein Backblech legen.

6 Die Filetstreifen auf dem Backpapier verteilen, etwas Marinade darüberträufeln und erneut salzen und pfeffern. Die Päckchen sorgfältig zubinden und ca. 10 Minuten im heißen Ofen garen. Mit fein gehackten Rosmarinnadeln und Orangenschale bestreut servieren.

7 Dazu passen Rosmarinkartoffeln und Rotkohl.

TOMATEN MIT FLEISCHFÜLLUNG

Für **4 Personen**
Zubereitungszeit **20 Minuten**
Garzeit **35 Minuten**

4 große runde Tomaten
Salz
1 Knoblauchzehe
4 Stiele Basilikum
4 Stiele glatte Petersilie oder Kerbel
200 g Bratwürste mit Kräutern
200 g Schweinehackfleisch
1 TL Paprikapulver
Pfeffer oder Pfeffermischung (roter, weißer und schwarzer Pfeffer)
50 g Parmesan, gerieben
2 EL Olivenöl
Backpapier, Küchenpergament oder Alufolie

1 Den Backofen auf 180 °C vorheizen.

2 Die Tomaten waschen, putzen und einen Deckel abschneiden. Die Tomaten aushöhlen, innen salzen und kopfüber auf einen Rost oder auf Küchenpapier stellen, damit sie Wasser abgeben können.

3 Den Knoblauch schälen und fein hacken. Ebenfalls die Kräuterblätter fein hacken.

4 Die Wurstmasse aus der Pelle drücken und mit Knoblauch, Kräutern, Hackfleisch, Paprikapulver, Salz und Pfeffer mischen und gut verrühren. Die Tomaten damit füllen und mit Parmesan bestreuen.

5 Aus Backpapier 4 Quadrate zuschneiden, mit Olivenöl bepinseln und in eine Auflaufform oder auf ein Backblech legen.

6 Je eine Tomate daraufsetzen. Das Papier raffen und oben mit Küchengarn zubinden. Die Tomatenpäckchen 35 Minuten im heißen Ofen garen.

7 Dazu passen Nudeln, Polenta oder frisches Brot und ein grüner Salat.

EIER MIT SPECK

Für **4 Personen**
Zubereitungszeit **5 Minuten**
Garzeit **12 Minuten**

4 Eier

4 EL Crème fraîche

Salz (evtl. Fleur de Sel)

Pfeffer, frisch gemahlen

20 g Frühstücksspeck in dünnen Scheiben oder geräucherter Schinken, Lachs oder Schellfisch

Parmesan, gerieben

2 Schnittlauchhalme, in feinen Röllchen

Backpapier, Küchenpergament oder Alufolie

1 Den Backofen auf 210 °C vorheizen.

2 Aus Backpapier mithilfe eines umgedrehten Tellers 4 Kreise mit einem Durchmesser von 25 bis 30 cm ausschneiden.

3 Den Kreisrand hochbiegen (dafür das Papier am besten in eine Schale legen) und in Falten legen. Je 1 Ei hineinschlagen, 1 Esslöffel Crème fraîche daraufgeben und mit Salz und Pfeffer bestreuen. Den Frühstücksspeck darauf verteilen und mit Parmesan und Schnittlauchröllchen bestreuen.

4 Das Papier vorsichtig mit Küchengarn zusammenbinden. Die Päckchen in eine Auflaufform oder auf ein Backblech setzen und 12 Minuten im heißen Ofen garen.

5 Die Päckchen auf Untertassen servieren. Dazu passt geröstetes, mit Butter bestrichenes Weißbrot.

AUBERGINEN-TOMATEN-TÜRMCHEN MIT SCAMORZA

Für **4 Personen**
Zubereitungszeit **15 Minuten**
Marinierzeit **15 Minuten**
Garzeit **15–20 Minuten**

1 Aubergine
4 Stiele Basilikum
Olivenöl
mildes Chilipulver
Kreuzkümmel
Salz (evtl. Fleur de Sel)
Pfeffer, frisch gemahlen
2 große dicke Tomaten
1 Scamorza (italienischer Käse)
Backpapier, Küchenpergament oder Alufolie

1 Den Backofen auf 210 °C vorheizen.

2 Die Aubergine in 5 mm dicke Scheiben schneiden.

3 Die Basilikumblätter fein hacken, einige Blättchen beiseitelegen, die anderen mit 2 Esslöffeln Olivenöl und je 1 Prise Chilipulver, Kreuzkümmel, Salz und Pfeffer in einem tiefen Teller mischen. Die Auberginenscheiben darin wenden und im Kühlschrank mindestens 15 Minuten marinieren lassen.

4 Inzwischen die Tomaten waschen, trocknen und in 5 mm dicke Scheiben schneiden, den Strunk dabei entfernen. Den Scamorza ebenfalls in 5 mm dicke Scheiben schneiden.

5 Aus dem Backpapier 4 Rechtecke ausschneiden und in eine Auflaufform oder auf ein Backblech legen.

6 Auf jedes Papier abwechselnd Auberginen-, Tomaten- und Scamorzascheiben übereinanderlegen, dazwischen immer etwas Olivenöl träufeln. Den Vorgang wiederholen, bis die Zutaten verbraucht sind, mit einer Auberginenscheibe abschließen.

7 Das Papier über dem Gemüse zusammenraffen und verschließen. Die Päckchen 15 bis 20 Minuten im heißen Ofen garen.

8 Mit den restlichen Basilikumblättchen garnieren.

GRÜNE GEMÜSEPÄCKCHEN

Für **4 Personen**
Zubereitungszeit **20 Minuten**
Garzeit **10–15 Minuten**

1 Brokkoli
8–12 Stangen grüner Spargel
200 g Zuckerschoten
150 g Erbsen
Olivenöl
5 Stiele frischer Koriander
5 Stiele Minze
Salz
Pfeffer oder Pfeffermischung (roter, weißer und schwarzer Pfeffer)
Backpapier, Küchenpergament oder Alufolie

1 Den Backofen auf 180 °C vorheizen.

2 Die Röschen vom Brokkoli abschneiden, den Rest z. B. für eine Suppe aufheben. Die holzigen Enden vom Spargel abschneiden (ca. 1-2 cm). Den Spargel im unteren Drittel schälen und die Stangen in ca. 2–3 cm lange Stücke schneiden. Die Zuckerschoten nach Belieben halbieren. Alles mit den Erbsen mischen.

3 Aus Backpapier 4 Quadrate à ca. 25 cm Seitenlänge ausschneiden und mit Öl bepinseln. In eine Auflaufform oder auf ein Backblech legen.

4 Koriander- und Minzblättchen abzupfen und fein hacken.

5 Das Gemüse auf den Papieren verteilen, die Kräuterblättchen darüberstreuen, mit Salz und Pfeffer würzen. Das Papier über dem Gemüse mit Küchengarn zusammenbinden und 10 bis 15 Minuten im heißen Ofen garen.

sambonet

KARTOFFELPÄCKCHEN MIT KNOBLAUCHCREME

Für **4 Personen**
Zubereitungszeit **10 Minuten**
Garzeit **30 Minuten**

1 Den Backofen auf 180 °C vorheizen.

2 Den Knoblauch schälen. Die Kerbelblättchen fein hacken und mit Crème fraîche und durchgepresstem Knoblauch in einer Schüssel vermischen, kräftig salzen und pfeffern.

3 Die Kartoffeln sorgfältig abbürsten und waschen (je nach Größe etwa 2 bis 3 Kartoffeln pro Person nehmen). Jede Kartoffel längs einschneiden.

4 Aus Backpapier 4 Quadrate à 30 cm Seitenlänge ausschneiden und mit Olivenöl bepinseln, auf ein Backblech legen. Je 2 bis 3 aufgeschnittene Kartoffeln darauf setzen und mit etwas Knoblauchcreme füllen. Die Kartoffeln fest in das Papier einwickeln und die Päckchen 30 Minuten im heißen Backofen garen.

5 Die Kartoffeln mit der übrigen Knoblauchcreme servieren. Nach Belieben Bündnerfleisch oder Bresaola dazu reichen und mit rosa Pfeffer bestreuen.

Für die Päckchen

3 Knoblauchzehen

3 Stiele Kerbel

200 g Crème fraîche

Salz

Pfeffer

500 g mittelgroße Kartoffeln

Olivenöl

Backpapier, Küchenpergament oder Alufolie

Zum Servieren

8 Scheiben Bündnerfleisch oder Bresaola (ital. Rinderschinken), nach Belieben

rosa Pfefferbeeren, nach Geschmack

MADE IN FRANCE

KIRSCHTOMATEN MIT RICOTTA UND PISTAZIEN

Für **4 Personen**
Zubereitungszeit **10 Minuten**
Garzeit **10 Minuten**

5 Stiele Basilikum
150 g Kirschtomaten
150 g Ricotta oder Ziegenfrischkäse
Olivenöl
Salz (evtl. Fleur de Sel)
Pfeffer oder Pfeffermischung (roter, weißer und schwarzer Pfeffer)
4 TL brauner Zucker
4 TL Pistazienkerne
Backpapier, Küchenpergament oder Alufolie

1 Den Backofen auf 210 °C vorheizen.

2 Die Basilikumblätter klein schneiden. Die Kirschtomaten waschen und halbieren.

3 Den Ricotta mit 2 Esslöffeln Olivenöl und Basilikum in einer Schüssel mischen, mit Salz und Pfeffer abschmecken.

4 Aus Backpapier 4 Quadrate à ca. 20 cm Seitenlänge ausschneiden und mit Olivenöl bepinseln, in eine Auflaufform oder auf ein Backblech legen.

5 Den Ricotta darauf verteilen, die Tomatenhälften darauf anrichten. Je 1 Teelöffel Zucker und Pistazien darüberstreuen.

6 Das Backpapier über den Tomaten zusammenfalten und zubinden. Die Päckchen 10 Minuten im heißen Ofen garen.

7 Dazu passen Rucolasalat und geröstetes, mit Butter bestrichenes Bauernbrot.

RONDINI MIT RICOTTA-KRÄUTER-FÜLLUNG

Für **4 Personen**
Zubereitungszeit **20 Minuten**
Garzeit **20 Minuten**

5 Stiele frischer Koriander
5 Stiele glatte Petersilie
2 Stiele Minze
5 Stiele Basilikum
250 g Ricotta
1 Ei
2 EL Parmesan, gerieben
Salz (evtl. Fleur de Sel)
Pfeffer, frisch gemahlen
1 EL Olivenöl
4 mittelgroße runde Zucchini (Rondini, je ca. 100 – 150 g)
200 ml passierte Tomaten
Backpapier, Küchenpergament oder Alufolie

1 Den Backofen auf 210 °C vorheizen.

2 Koriander-, Petersilien-, Minz- und Basilikumblättchen waschen, trocknen, fein hacken und in einer Schüssel mit Ricotta, Ei, Parmesan, Salz und Pfeffer mischen und mit Olivenöl beträufeln.

3 Die Zucchini (Rondini) waschen und oben einen Deckel abschneiden. Die Zucchini vorsichtig aushöhlen und mit der Ricottamasse füllen.

4 Aus Backpapier 4 Rechtecke à 25 x 30 cm ausschneiden und mit Olivenöl bepinseln, auf ein Backblech oder in eine Auflaufform legen.

5 Die passierten Tomaten auf die Backpapiere verteilen und je eine gefüllte Zucchini daraufsetzen. Die Papiere über den Zucchini zusammenfalten und mit Küchengarn zubinden. Die Päckchen 20 Minuten im Backofen garen.

FRÜCHTE-CRUMBLE-PÄCKCHEN

Für **4 Personen**
Zubereitungszeit **15 Minuten**
Garzeit **6–8 Minuten**

600 g gemischte rote Früchte (Him-, Brom-, Heidel-, Johannisbeeren, Kirschen)
10 g brauner Zucker
8 Spekulatius
4 TL Crème fraîche
Backpapier, Küchenpergament oder Alufolie

1 Den Backofen auf 180 °C vorheizen.

2 Die Früchte verlesen bzw. waschen, entrispen oder entsteinen.

3 Aus Backpapier 4 Quadrate à 25 cm Seitenlänge ausschneiden. Die Früchte auf den Papieren verteilen.

4 Den Zucker in einer Pfanne bei mittlerer Hitze karamellisieren lassen. Vorsichtig (! Achtung, es spritzt) mit etwas Wasser ablöschen und rühren, bis sich der Karamell gelöst hat. Die Früchte damit beträufeln. Die Kekse zerbröseln und darüberstreuen. Mit je 1 Teelöffel Crème fraîche garnieren. Die Päckchen gut verschließen und 6 bis 8 Minuten im heißen Ofen garen.

5 Dazu passt Eis oder Schlagsahne.

APFEL-BIRNEN-PÄCKCHEN

Für **4 Personen**
Zubereitungszeit **5 Minuten**
Garzeit **8 – 10 Minuten**

Für die Päckchen

2 rote Äpfel

2 reife Birnen

Saft von ½ Zitrone

4 TL Puderzucker

50 g Walnusskerne

4 TL Portwein

4 TL Ahornsirup

Backpapier, Küchenpergament, Alufolie oder hitzebeständige Silikonform mit Deckel

Zum Servieren

4 TL Mascarpone

1 Den Backofen auf 180 °C vorheizen.

2 Äpfel und Birnen waschen und abtrocknen. Die Birnen schälen. Das Obst vierteln, entkernen und in dünne Schnitze schneiden. Mit Zitronensaft beträufeln.

3 Aus Backpapier 4 Quadrate à 25 cm Seitenlänge ausschneiden. Apfel- und Birnenschnitze darauf verteilen und mit Puderzucker bestäuben.

4 Die Nüsse grob hacken und darauf verteilen. Je 1 Teelöffel Portwein und Ahornsirup darüberträufeln. Das Papier sorgfältig über dem Obst zusammenfalten und zubinden. Die Päckchen 8 bis 10 Minuten im Backofen garen.

5 Mit Mascarpone servieren.

RUM-SCHOKO-BANANEN

Für **4 Personen**
Zubereitungszeit **5 Minuten**
Garzeit **10–12 Minuten**

4 Bananen

1–2 TL brauner Zucker

4 EL Rum

25 g dunkle Schokolade mit Fleur de Sel (oder Edelbitterschokolade und 1 Prise Fleur de Sel dazugeben)

Backpapier, Küchenpergament oder Alufolie

1 Den Backofen auf 180 °C vorheizen.

2 Die Bananen schälen und längs halbieren.

3 Aus Backpapier 4 Quadrate à 25 cm Seitenlänge ausschneiden. Je 2 Bananenhälften darauflegen, mit etwas Zucker bestreuen, je 1 Esslöffel Rum darüberträufeln und mit 1 bis 2 Stückchen Schokolade belegen.

4 Die Bananen gut in das Papier einwickeln und die Päckchen 10 bis 12 Minuten im heißen Backofen garen.

5 Dazu passen Butterkekse.

HINWEISE

Die Temperaturangaben im Buch beziehen sich auf einen Elektroherd mit Ober- und Unterhitze.
Bei Umluft kann sich die Garzeit verkürzen.
Bei einem Gasherd sind die Angaben des Geräteherstellers zu beachten.
Die in den Rezepten angegebenen Zubereitungszeiten sind Circaangaben.
Für die Päckchen kann man Backpapier oder Küchenpergament nehmen, oder zum Beispiel das von der Firma Compostella hergestellte kompostierbare 1 für 4-Papier.
Nach Empfehlung des Bundesinstituts für Risikobewertung (BfR) sollte Alufolie nicht für stark saure bzw. salzige Lebensmitteln verwendet werden, da Aluminium ins Lebensmittel übergehen kann.

ALPHABETISCHES REZEPTVERZEICHNIS

REZEPTVERZEICHNIS NACH KAPITELN

PÄCKCHEN MIT FISCH & MEERESFRÜCHTEN

PÄCKCHEN MIT FLEISCH & GEFLÜGEL

VEGETARISCHE PÄCKCHEN

DESSERT-PÄCKCHEN

ABKÜRZUNGEN

EL = Esslöffel
TL = Teelöffel
Msp. = Messerspitze
Pck. = Päckchen

ml = Milliliter
l = Liter (= 1000 ml)

g = Gramm
kg = Kilogramm

cm = Zentimeter (= 10 mm)
mm = Millimeter

DANKSAGUNG

Danke an Gisèle Gaudissart für ihren freundlichen Empfang bei Bulthaup. Danke an David Japy für seinen Enthusiasmus und dafür, beinahe alle meine Gerichte gekostet zu haben. Danke an An Schaubroeck für ihre freundliche Unterstützung. Danke an Isabel für ihr Rezept der Dorade mit Orange. Danke an Marie für ihr Schellfischrezept; eine begnadete Köchin! Danke an Emmanuel und Rose-Marie für das Vertrauen, das sie mir stets entgegenbringen. Danke an Françoise und Welcome! Danke an Anthony für seine Unterstützung als Krisenmanager. Danke an meine Eltern für alles. Kein Dankeschön geht an das merkwürdige Schneidebrett, das irgendwie Beine bekommen hat. Komm gefälligst wieder!

ÜBER DIE AUTORIN

Sandra Mahut ist Foodstylistin und arbeitet regelmäßig mit diversen französischen Kochzeitschriften zusammen. Von ihr sind bereits zahlreiche innovative Kochbücher erschienen.

IMPRESSUM

ISBN 978-3-8094-4209-7
1. Auflage

Originaltitel: Mes petites Papillotes
Dieses Buch ist bereits 2012 unter dem Titel »Genuss-Päckchen«
im Walter Hädecke Verlag erschienen.

Umschlaggestaltung: Atelier Versen, Bad Aibling
Fotos: David Japy
Herstellung der Bassermann-Ausgabe: Elke Cramer
Projektleitung der Bassermann-Ausgabe: Anja Halveland
Übersetzung aus dem Französischen: Franziska Weyer
Redaktion der deutschen Ausgabe für den Walter Hädecke Verlag: Dr. Stephanie Kloster, Hamburg
Lektorat der deutschen Ausgabe für den Walter Hädecke Verlag: Monika Graff

Satz: Stephanie Raba
Druck: Tešínská tiskárna, a.s., Česky Těšín
Printed in Czech Republic

MIX
Papier aus verantwortungsvollen Quellen
FSC® C005833
FSC
www.fsc.org

Verlagsgruppe Randomhouse FSC® N001967

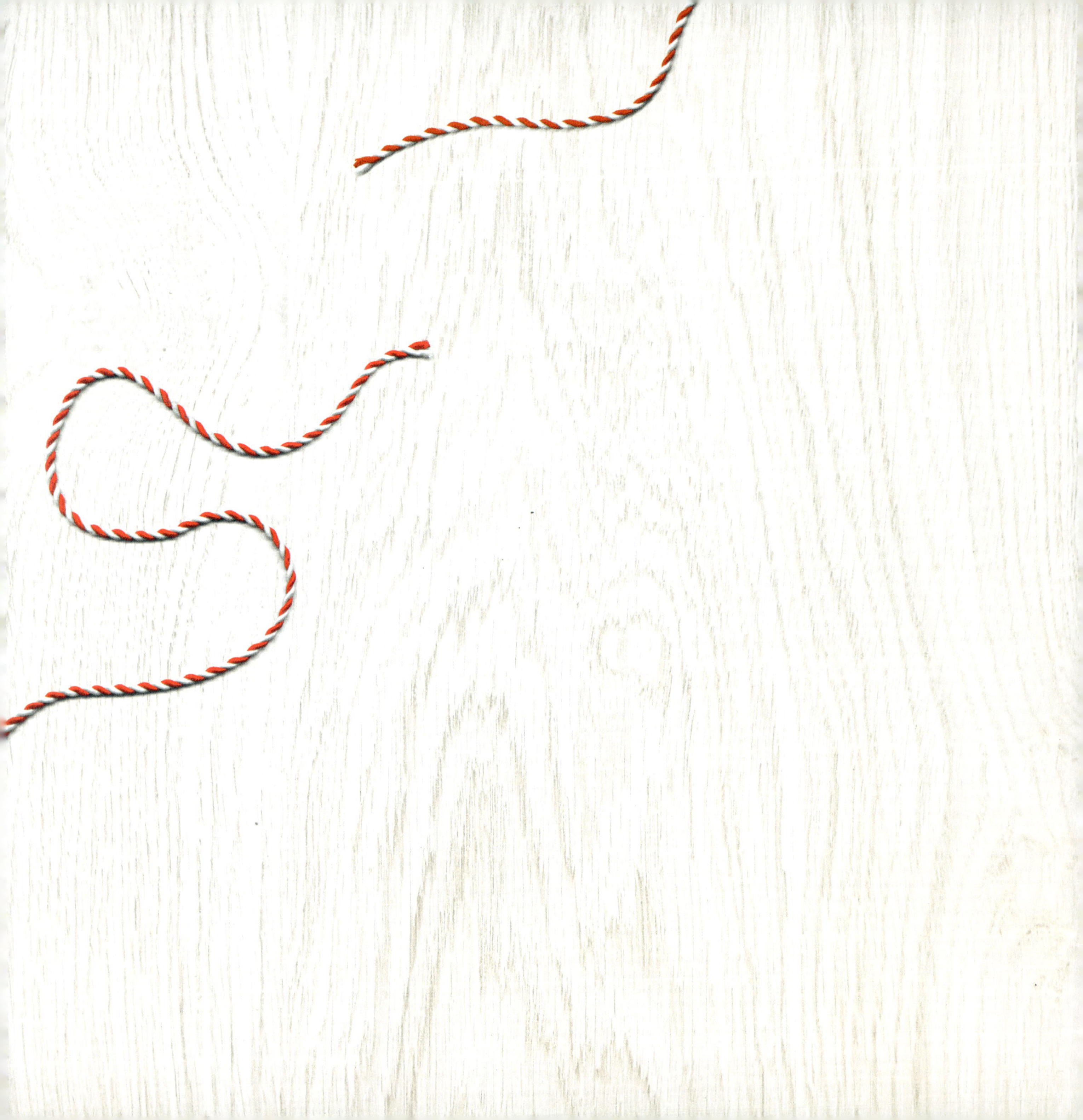